천수만 가창오리

우리시대 현대시조선
148

천수만 가창오리

김범렬 시집

고요아침

■ 시인의 말

과거에 얽매인 삶은
자신을 구속하고,
끝내는 구렁텅이로 빠뜨리고 만다.
자아실현에 걸림돌이 되는
구태의연한 자세는
과감하게 떨쳐버리는 것이
좋다고 생각한다.
'법고창신의 시조'를
늘 떠올리면서 말이다.

2019년 11월

김범렬

■ 차례

시인의 말 05

제1부

천수만 가창오리 13
바람꽃, 바람꽃 14
바닥 치고 일어설까? 15
홍옥 16
산수유꽃 몽유 17
묵정밭, 떴다방 2 18
동강, 비오리 19
빈손 20
접시꽃 판타지 21
오래된 집 22
돌하르방, 길을 놓치다 23
등신불 억새 24

제2부

쪽달 어머니 27
공갈빵 나무 28
수련대는 개망초 29
설악, 황태덕장 30
노화도 시편 2 31
수의壽衣 한 벌 32
달빛 유모차 33
설악, 사진첩 읽기 34
목련, 날다 35
길의 색깔 36
황금박쥐 37
월인천강지곡月印千江之曲 38

제3부

의류수거함	41
외기러기 날갯짓	42
가을 판화	43
손금 읽기	44
풍납토성에서	45
법성포의 아침	46
먹을 갈 듯, 칼을 갈 듯	47
쇠똥구리, 신화를 읽다	48
동화사 오동나무	49
철가방 스쿠터	50
수수꽃다리	51
둑새풀 이랑	52

제4부

삼효문三孝門을 읽다	55
밥 짓는 나무	56
가을, 담쟁이	57
여린 봄, 붓대 세우다	58
부레옥잠 1	59
울돌목 해국	60
도산서원 엿보다	61
황소아버지	62
1막 1장	63
뭉크의 할미꽃 하루	64
벼룻길 미로	65
그림자 닦다	66

제5부

암사동, 눈뜨는 빗살무늬토기	68
느낌표 느루 찍는 봄	69
휘굽은 길	70
드론광장 1	71
노래	72
어머니의 강	73
벼룻길 한나절	74
폭염	75
을숙도 노랑부리저어새	76
인수봉, 깨치다	77
텅!	78
건들마, 경전 읽다	79

■ 자전적 시론_법고창신과 긍정의 힘   80

1부

천수만 가창오리

1.
들레는 늦가을 날
하늘 길 빗장 풀 즈음
천수만 저 갈대밭 빈방 여럿 예비하고
제 몸 확! 불질러놓고 연방 풀무질한다.

밀레의 대작이다,
모이 줍는 가창오리
비로소 붓질하듯 군무群舞는 펼쳐지고
휑하던 너른 그 들녘, 아연 잔칫집인가.

일 년을 하루같이 덧칠만 되풀이하는
감 물든 여문 해가 낙관 하나 꾹 쏟아내고
저 멀리 물러선 방죽, 타닥타닥 잔불 끈다.

2.
간월암 갈마드는 갯바람에 실린 물결
무르녹은 나의 하루 놀빛 속에 깃들어도
예인선, 예인선처럼 산 그림자 끌고 간다.

바람꽃, 바람꽃

눈길 한 번 주지 않던
매몰차고 모질던 너
다 잊은 줄 알았는데, 문득문득 앞을 가려
싸락눈 내리던 날은 어금니 꽉! 깨문다.

겨우내 감싸주던 잔설 죄다 녹여내고
뼛속까지 에어내는 꽃샘바람 등쌀에도
지난날 되새김하듯
봄의 자서自敍 쓰는 꽃.

바닥 치고 일어설까?

꿈결에나 돈벼락 맞을 로또복권 한 장 샀지

싹수 노란 해바라기 제 속깜냥 헤아리다

앙가슴 펼칠 날 올까, 몸맨두리 매만지고.

부기우기* 홍 돋우리라, 상생의 꽃 피우리라.

덩굴장미 어깨 겯듯 가시 돋친 손 맞잡고

허리띠 헐렁한 사내, 바닥 치고 일어설까?

* 원시적인 색채를 내도록 편곡한 재즈 음악의 하나.

홍옥

그러구러 날밤 샜지, 태양신을 섬긴 죄로
혀끝 같은 빨대 꽂고 울혈 그리 삼킨 뒤끝
깜깜이 먼먼 하늘에
별 무더기 사려 묻고.

새콤달콤 아린 맛에 아직 여린 풋사과는
물때썰때 건딘 녀석 가시버시 불러오고
아사삭 한 입 뚝 뗀다,
하트 문양 베어문다.

가을볕 쬐는 까닭? 이제 조금 알 것 같다.
기다리면 기다릴수록 싸목싸목 무르익고
입때껏 쟁여온 과즙果汁,
홍건한 도가니라니.

산수유꽃 몽유

얼부푼 몸 어루만진다, 갓밝이 지릅뜬 눈
곤줄박이 깨운 햇살 아지랑이 피워 물고
꽃대궐 들레는 시간, 발 디딜 틈 난감하다.

하늘 마당 너비만큼 품이 넓은 누구 없나!
오목가슴 애 끓이다 단추 풀고 비친 속내
금도금 떨잠 떨치고 제비나비 마중한다.

어디서 온 문자일까? 가슴 졸여 못 읽겠다.
우툴두툴 멍에 벗고 산지니 깃 펼칠 참에
한목숨 부지한 그날, 붓을 세워 개칠한다.

묵정밭, 떴다방 2

쑥국쑥국 혼을 뺀다, 떴다방 저 쑥국새
묵정밭 언덕배기 구름 둥실 띄워놓고
뜨내기 몰려든 안골 투기바람 부추긴다.

아버진 어디 갔나, 논밭뙈기 다 놔두고
다섯 자식 건사하랴 허리 한번 못 펴시는
다복솔 떠받든 계곡 산울림 되울릴 때.

허튼소리 하는 갑다, 입발림 날고뛴다.
하나 보면 열을 알지 눈속임 검은 속내
때늦은 깨달음일까, 바위너설 열꽃 핀다.

동강, 비오리

뭘 그리 궁리하나, 깃털 잔뜩 부풀리고
굽이도는 아우라지 송골매 도사린 언덕
콕 콕 콕 모이를 쪼듯
여남은 알 깨뜨릴 듯.

한 치 앞 천길 벼랑 불 밝혀도 캄캄하다.
가뭇없는 미로인가, 가 닿지 못할 땅끝
앞다퉈 허공 가른다,
사라질 빛 간추리며.

갈대 억새 막아서는 자갈밭 어름 너머
얼비친 떡갈나무 거꾸로 바라본 하늘
비오리, 자맥질한다,
날갯죽지 퍼덕인다.

빈손
― 수련에게

거꾸로 선 천 길 물속 숭숭 뚫린 가슴 묻다 썩어 문드러
질라 애잔한 꽃대 물고
  제 깜냥 세상 펼친다,
  쥘손 없는 하늘에.

접시꽃 판타지

1.
팔월 한낮 마을 어귀 스란치마 나붓댄다.
바람에 몸 맡긴 채 다층탑을 쌓다 말고
더러는 미어캣처럼 망루 성큼 오른다.

2.
한 뼘 남짓 논두렁길 한 여인이 걸어온다.
환하게 꽃물 드는 은쟁반 머리에 이고
총총히 걸음을 떼는 젊은 날의 어머니.

3.
어릿광대 춤사위로 빙빙 도는 붉은 접시
끝끝내 타지 못할 비행접시 띄워놓고
한순간 놓아버린 손, 쌍무지개 피어난다.

오래된 집

산문 밖 사그락사그락 가랑잎 밟는 소리
콧등 쓱 스친 바람 몸 사리듯 꼬리 감출 때
어디서 울린 추시곈가
천리만리 길을 튼다.

뜬눈으로 맞은 아침 등골 휜 담장 아래
수묵의 강 건넌 햇살 한 뼘 간극 좁혔던가,
길냥이 길들이는 날
먼산바라기 되우 하는.

먼 그날 거두려나, 뼈대만 남은 저 흙집
닥종이 문 잉잉거리는 냉골의 골방 너머
누워야 가닿는 하늘
동백 꽃물 흥건하다.

돌하르방, 길을 놓치다

방파제 훌쩍 넘는 파도 몇 채 품에 안고
마그마 폭발할 듯 부글부글 들끓는 몸
저기, 저 따라비 오름
억새 장경 두르고 있네.

산방산 유채꽃밭 훑어보면 낯빛 붉네.
땅심 깊이 쟁여놓은 울음보 터뜨리다
갈 길을 놓친 돌하르방
얽은 자국 드러낼 때.

이국풍 길손들이 발길 잦은 그 바닷가
낮게, 낮게 키를 낮춘 돌버랑 저 백년초
잎잎이 꽃등을 달고
가시 돋친 혀를 차네.

등신불 억새

하늘 한끝 물고 선다, 물끄러미 바라보다

허리띠를 졸라매도 배곯는 건 매한가지

뿌린 씨 거두는 일은 끝 모를 자기 투쟁.

밥 먹듯 무릎 꿇어도 여직 남은 근력 있다.

이력 따윈 필요 없다, 목울대 가로 젓고

앙상한 뼈대만 남은 등신불 손 모은다.

2부

쪽달 어머니

자작나무 껍질 벗듯 허물 그리 벗나 보다
그날그날 날품 팔다 수척해진 낯을 들고
미리내 먹물 지운다,
꼭짓점을 찍은 자리.

한 치 앞은 가시밭길 캄캄한 눈 지릅뜬다.
달맞이꽃 피었다 지듯 그림자가 된 그 쪽달
기어이 먼 길 가는가,
난바다에 빈 배 띄우고.

공갈빵* 나무

낡삭은 둥지 하나 가지 끝에 흔들리는
마로니에 공원 한끝 발그레한 꽃망울이
떨리는 가슴을 열고 공갈빵처럼 부푼다.

밤낮없이 이에 저에 남발한 공짜 티켓
허기진 무대 위에 선웃음 풀고 있다.
속 둥근 박수소리에 눈시울이 붉어진다.

가슴마다 별을 품고 해바라기 하던 날들
움켜쥔 맨주먹에 힘줄 툭툭 불거질 때
대학로 연극 마당에 튀밥 펑펑 터뜨린다.

* 자목련의 꽃망울.

수런대는 개망초

1.
그래 넌 바람이었구나,
살살 내 볼 매만지고
꿈결인 듯 생시인 듯 이마 섶에 서성이는
아득히
열꽃으로 번져
겹겹이 붉게 탄다.

2.
왠지 누가 올 것 같이
수런대는 저 개망초
얼마나 애가 타기에 백만V 전류 흐르나
저 홀로
머리를 얹고
별이란 별 다 품는다.

설악, 황태덕장

바다가 어녹이친다, 용대리 마을 어귀
가진 것 다 비워낸 한 생의 끝점에서
들레는 풍경소리에 눈을 뜨는 물고기들.

잊혀진 기억 풀 듯 얼부푸는 작은 몸피
눈보라 들이칠 땐 통성기도 하는 건지
둥글게 헤벌린 입이 휘파람도 더러 분다.

무저갱 헤쳐 온 아침 울혈 든 햇살 아래
빈 도마 난타하는 산도바람 방망이질
백담사 범종소리가 설악을 쩡! 울린다.

노화도 시편 2
— 어부의 아내

쉴 새 없이 주름잡는 앞바다 꼬드기듯
밤새껏 갯바람은 휘파람 소릴 냈다.
산다화 환한 봄날은 그렇게 찾아오고.

포구 옆 자투리 터 파릇한 쑥 돋아나면
길 잃은 괭이갈매기 맴돌다 날아들고
웃으며 팔을 벌리는 여자는 등대였다.

자자한 뱃고동 소리 북적이는 섬마을에
때 만난 고기처럼 파닥이는 아침이면
빗장 푼 파도 소리도 가슴팍을 갈마든다.

뭍으로 가는 뱃길 바다로만 열어놓고
무젖은 치마폭에 닻을 내린 섬 사내들
그 닻줄 벼릿줄 삼아 섬 하나를 건진다.

수의壽衣 한 벌

울 할머니 살아생전
갖고 푼 것 무엇일까?

이것저것 따져보다
날아가는 새를 본다.

아뿔싸!
날개가 없네,
입고 갈 수의가 없네.

달빛 유모차

풍선 띄운 유모차 하나 보름달 싣고 온다.
한 발짝 뗄 때마다 숨 고르는 나들목쯤
달무리 목에 걸어도 한 치 앞은 아득하다.

백태 낀 눈으로는 아무것도 볼 수 없나
가슴 깊이 앉힌 적막 한 켜씩 꺼내본다.
가풀막 먼산바라기, 가을 산이 눈짓하고.

은발의 늙은 갈대 자서전을 이내 쓴다.
느려도 거북이처럼 벼룻길에 이르는 날
천만 길 그 오목가슴, 새벽 별을 켜든다.

설악, 사진첩 읽기

선방에 든 무산스님 달빛 길어 목물한다.
먹물 흠뻑 뒤집어쓴 울산바위 궁굴리며
돛바늘 움켜쥔 주목, 하늘 콕콕 찔러대고.

잠 못 든 칠형제봉 불새 둥지 트는 건가.
무쇠처럼 무거운 몸, 뒤채는 첫새벽에
산 자의 깨달음일까? 비단부채 펼쳐든다.

수풀 속 이는 바람 경전 읽는 소리 낸다.
어깨 겯는 수만 골짝 수탉같이 홰를 칠 때
목마른 에델바이스 사진첩에서 눈을 뜬다.

목련, 날다

아직은 무딘 부리 문득 제 몸 쪼아댄다.

가시 돋친 마칼바람 돌담 위를 서성일 때

쿵 쿵 쿵 홰치는 가슴, 떨켜에도 피가 돈다.

짧은 목 길게 뽑아 박차오를 하늘 저편

한 줌 빛 삼킨 적막 모둠발로 깨뜨리고

푸드덕 날갯짓 소리, 허공에 메아리친다.

흰 날개 한껏 펼쳐 날아오른 큰고니 떼

회백색 반질대는 가설극장 무대에서

지상은 후끈한 도가니, 내 눈빛도 뜨겁다.

길의 색깔

1. 낮달
느물느물 손목시계 오후 3시 가리킬 때
속 깊은 성자처럼 내 안에 떠오른 낮달
적멸궁, 적멸궁인가, 달무리가 고요하다.

2. 지렁이보법
세간 집기 버려두고 지렁이 이사 간다.
사전에 없는 낱말 휘갈겨 쓴 길을 따라
샷무늬 토기도 같은 생의 지형 그리며.

3. 누에잠
겉도 속도 벗으려고 선방에 드나 보다.
고치 집 짓기까지 허물 네 번 그리 벗고
3천 년 눈속임인가, 우담바라 귀 세운다.

4. 아버지
붓자루 춤을 춘다, 알츠하이머 아버지
손에 쥔 한지 위에 하늘 길 그려 넣고
쉼 없이 마주 걸어온 지상의 길 지우며.

황금박쥐*

하늘 한 귀 뒤챈 자리 먹빛 홍건 고여 들쯤
시린 콧등 베어갈 듯 된바람 풀무질한다.
갈지자 두 발 손수레 걸어 나온 그 품새로.

하루 쉬면 하루 비는 하루살이 황금박쥐
겉치레 허울 따윈 대비로 쓸어내고
타다 만 놀빛 싸라기 어깨띠에 주워 단다.

숨 돌릴 겨를 없이 깃을 터는 성근 어둠
집으로 가는 길목 무채색 빗장 풀 때
북두성 일곱 개 별이 가풀막을 오른다.

* 형광색 작업복을 입은 환경미화원을 비유.

월인천강지곡 月印千江之曲

1.

능갈 솜씨 길들였나, 공염불하는 사내
뼛속까지 배어든 듯 투명하게 헹궈내고
첫새벽 이슬방울처럼 세상 다시 품는다.

2.

깊은 속뜻 이제 알아
하늘 텅, 텅 비운 까닭?
눈뜨는 순간에도 귀잠 드는 순간에도
등걸불 끌어안았지, 설핀 저 들꽃까지.

3.

턱을 괸 먼 산자락 수묵 연방 덧칠할 때
달무리 진 울 아버지 가슴속에 떠오른다.
지워도, 그리 지워도 눈감으면 뜨는 달.

3부

의류수거함

재활용 의류수거함 뱃구레가 홀쭉하다.
보름달 풍선처럼 제 깜냥 부푸는 변방
푹 꺼진 분화구 속에 적막 하늘 담고 있다.

잠 못 든 한 사내가 그 옆에 누워있다.
이웃한 박주가리 덩굴손 감아올리고
첫 대면 어색한 동거에 치열한 자리다툼.

몇 끼나 걸렀을까? 덩치 큰 하마 같이
버려지는 헌옷가지 한 입에 삼켜버릴
장벽을 허무는 바람, 아린 속 어루만진다.

느꺼웠던 지난날 주머니처럼 까집어보다
하릴없는 남루에 먼지만 뒤집어쓴
저 와불 벌떡 일어나 주린 배를 채운다.

외기러기 날갯짓

손짓 대신 목울대로 되부르는 소리 잦다.
하늘 문 열고 닫다 깃털 뽑힌 외기러기
총 총 총,
무젖은 잔별 눈동자에 어린다.

목마른 한줌 빛도 주방 끝에 와 앉는다.
까맣게 애를 태워 울혈의 밥 짓는 건지
끓어도
넘치지 않게 속으로만 붉게 탄다.

눈감아도 눈에 선한 식솔 노상 그리다가
마침맞게 비친 광채 가슴에 품어 안을 때
네게로,
네게로 가는 길마루가 보인다.

가을 판화

1. 탈복
뭘 그리 복대기나, 날숨 쉬는 가냘픈 산
온갖 양념 버무리는 호수라는 밥그릇에
날계란 탁 깨뜨린 건가, 달무리 확! 번진다.

2. 점점홍
단풍나무 우듬지가 파르르 몸부림치다
갈 길을 예감한 듯 깍지 낀 손 스륵 풀 때
짙붉게 물드는 한뉘 깃을 치고 날아간다.

3. 귀잠
찰랑이는 샛강에다 몸을 씻는 산등성이
맞댄 등짝 짓무를까 한밤 내내 뒤척이다
품안에 잔뼈를 묻고 물소리에 귀잠 든다.

4. 억새
에움길 돌아 돌아 누가 왔다 가나보다.
하늘 한끝 허공 속에 손사랫짓 하는 동안
울 엄니 파마머리에 은빛 너울 몰아친다.

손금 읽기

볼수록 아득하다, 천 갈래 만 갈래 길
홀로 헤쳐 가야만 할 탯줄 뗀 그날 이후
해종일 늪 속에 빠져 허우적댈 그 짬에도.

질척대는 진흙탕 길 천년토록 다졌던가.
에움길은 질러가고, 오르막은 건너뛰는
확 바뀐 생의 지형도 그런 아침 꿈꾸며.

겨운 하루 갈아엎고 어둑한 터널도 지나
아프게 새겨 넣는 굳은살 박인 손바닥에
실금의 잔물결 따라 푸른 맥박 다시 뛴다.

풍납토성에서

어디에나 귀가 있다, 깊디깊은 땅속에도
죽도록 달려야 사는 온조왕 그 과하마果下馬
안장도 편자도 없이
어찌 여기 이르렀을까.

갈대 억새 갈기 세운 왕조의 가을날엔
말없이 흐르는 물도 목청을 돋우는가.
해와 달 섬기던 나라
우렁우렁 깃을 친다.

한강 너른 수면 위로 은빛 창검 번득인다.
볕드나 바람이 드나 널뛰는 물이랑 사이
비로소 용틀임한다,
저 천 년의 북소리.

법성포의 아침

갈기 세운 파도 소리 백수해안 밀고 썬다.
수천수만 조기 떼가 발정 난 칠산바다
먹먹한 칠흑 물속에 파시 불빛 드리운다.

그물코 마디마디 금빛 비늘 번득이고
경매꾼 선소리에 어둠 한 겹 밀려나면
선홍빛 아가미 사이 천일염 해가 뜬다.

어디로 가는 걸까, 덕장에 꿰인 삶들
갈매기 곡성마저 꼬들꼬들 말라갈 때
아침놀 붉은 바다가 석쇠 위에 몸을 넌다.

먹을 갈 듯, 칼을 갈 듯
— 완당阮堂에게

깃 붉은 새 날아든다, 손때 묻은 화첩 속에
천 개 붓 곧추세워 열 개 벼루 품은 가슴
한 사내 어둠 가르고 칼을 갈 듯 먹을 간다.

뼛속 시린 골법 위에 문기文氣를 실어 올 때
황모필로 갈무리한 수묵 짙은 저 세한도
휘굽은 청솔가지마다 돗바늘이 돋는다.

쇠똥구리, 신화를 읽다

죽을 둥 살 둥 힘겹지,
하루라는 일상은 늘
헛손질 헛발질에 눈물 쏙 뺀 껍데기로
제 한 몸 사위고 남을 불씨 되우 살리고.

가슴 깊이 똬리 튼 아픔 그리 덜어내려
한시를 다퉈가며 바윗돌 굴리는 시간
허방도 길이라 했나 시시포스 눈을 뜬다.

피었다 곧 스러지는 달맞이꽃 지는 언덕
되살아난 하늘의 불 우련하게 비쳐올 때
어둠의 선잠을 털고 잰걸음 다그친다.

가납사니 돌개바람 숨죽이는 첫새벽에
한 아름 온기 안고 남몰래 틔운 새싹
푸르게, 더욱 푸르게 천지사방 길을 연다.

동화사 오동나무

코끼리 귀 닮은 잎이 풍경소리 물고 온다.
무더위도 비켜가는 으늑한 초록 한낮
한 사내 잰 발걸음도 그늘 아래 머물고.

푸르르 산새들이 간단없이 날아든다.
안부 물을 겨를 없이 서둘러 깃 고르고
긴 편지 마침표 찍듯 울음소리 떨군다.

짙푸르게 배어나는 가슴속에 새긴 문신
느릿느릿 시곗바늘 여름 한철 끌고 갈 때
산 너머 암자에 기댄 돌부처도 일어설까.

누워서 본 저 하늘은 무량수 화엄바다
오동나무 그늘에선 나도 한낱 티끌일 뿐,
수천 년 나무로 늙으면 봉황까지 보겠네.

철가방 스쿠터

에움길 질러가듯 바람 앞서 내닫는다.
어둠만이 키를 재는 무저갱 빗장 풀고
목울대 돋운 스쿠터 가속페달 밟는다.

소실점에 이르렀나, 철가방 판도라 열 듯
풍선처럼 부푼 가슴 짬뽕 국물보다 뜨겁다.
가파른 저 등굽잇길 만월 하나 품을 때.

몇 고비나 넘었을까? 날개를 단 억척빼기
바람할미* 헤살에도 붓끝 꿇은 목련처럼
배달통 일그러진들 헤드라이트 눈을 뜬다.

* 음력 2월에 심통을 부려 꽃샘바람을 불게 한다고 하는 할머니.

수수꽃다리

누가 그리 명명했나, '미스킴라일락'을
한반도 자생하는 수수꽃다리 자명한데
하물며 로열티 주는 꽃
외려 진한 향이라니.

둑새풀 이랑

1.
명퇴 후 오십 줄에 풀이 된 사내 있다.
묵정밭 다랑논을 저물도록 가꾸면서
쉽사리 내주지 않는
땅의 섭리 터득하며.

2.
청년 드문 농촌 어귀 늦은 봄 속이 탄다.
둑새풀 우북한 들녘 갈아엎을 길손 없고
추수를 서두는 거다,
내가 나를 다그친다.

3.
은빛 고요 이슥한 밤 삽질하는 달이 있다.
굴곡 많은 산등성이 타고 넘는 노역의 하루
기나긴 터널을 지나
갓밝이 피어날까.

4부

삼효문三孝門을 읽다

연안 김씨 대를 잇는 갈맷빛 영광 땅에
금세라도 활개 칠 듯 우뚝 선 솟을대문
문고리 흔들어본다, 백 년 적막 깨운다.

얼비친 맞배지붕 울안 연못 걸터앉아
환한 세상 불러내는 꽃대 먼저 밀어 올리고
푸드덕 날아든 새가 방명록을 쓰고 있다.

제 허물 훌훌 벗는 갓 피운 꽃 한 송이
궁금증 도진 그날 물음표를 찍는 사이
붓 세워 써내린 글귀 바람이 들춰 읽고.

웅숭깊은 집안 내력 밑줄이나 긋던 흙담
하늘을 으쓱 날듯 움츠린 어깨를 펴고
한 호흡 쉬어간 자리 또 하나 문이 선다.

밥 짓는 나무

억척보두 저 사내의 민낯 우련 붉어진다.
바람 잦은 이팝나무 애태워 밥 지을 때
아직은 서투른 솜씨
삼층밥도 더러 있지.

해바라기하는 건가, 우듬지에 성큼 올라
모둠발로 맞은 아침 부챗살 펼쳐 들고
날이면 날이 날마다
금빛 이마 번쩍인다.

널뛰는 여울 속에 허물 벗는 내가 있다.
앙금처럼 가라앉힌 숨기고 싶은 그 한철
쉼 없이 조리질한 날
흰쌀밥도 짓겠네.

가을, 담쟁이

철옹성 벽돌 담장 허무는 담쟁이 있다.
서릿바람 헤살에도 한 몸인 듯 달라붙어
금 간 틈 박음질하는
거미줄 투망 엮는다.

복대기는 가을날엔 톱니처럼 날 세운다.
제 한껏 늘인 넌출 푸른 한때 떠올린 듯
파르르 진저리치다
이마 붉게 물들이고.

눈뜨는 그 어느 틈에 애옥살이 허물 벗나
애면글면 뻗은 줄기 거두는 끝 점에서
몇 움큼 움켜쥔 햇살
따순 입김 퍼올린다.

여린 봄, 붓대 세우다

뉘 모르게 월담했나, 얼녹은 마당귀에
한 짐 볕 부려놓고 머슴바람 숨 고를 즈음
웅크린 목련의 꽃눈, 붓대 곧게 세운다.

뼛속까지 에어낼 듯 부시도록 깃 세우며
닳고 닳은 무딘 부리로 앙가슴 콕콕 쫀다.
눈 들면 하늘 끝자락 털빛 하얀 새가 날고.

내게도 봄이 온 듯 간지러운 겨드랑이
이제는, 이제는 그만 죽지를 펴야 할 때
그 달뜬 이마를 짚고 한뉘 스릇 열린다.

얼룩무늬 겹겹 두른 꽃샘이 할퀸 자리
홀앗이 무릎 꿇고 무아경 붓질하는지
덧칠한 초록 냇가에 노랑붓꽃 자맥질한다.

부레옥잠 1

무심코 내뱉은 말이 고로코롬 아녔을까?

훅! 불면 날아갈 듯 물 위를 걷는 여자

고 작은 가슴을 펼쳐 옹이 같은 멍을 푼다.

울돌목 해국

시울이 붉으나 붉다 우렁우렁 돋운 목청
그날 그 개울음소리* 날 선 파도 마루 넘어
울돌목 소용돌이 속 바닥마저 뒤엎는다.

물길 튼 그 이래로 잠잠한 날 있었을까?
단숨에 삼킬 듯이 날름대는 저 물의 혀
덴가슴 쿵쿵 울리며 한 사내가 걸어온다.

진도다리 난간 아래 밀썰물 섞바뀔 때
어린진魚鱗陣 치고 나와 불쑥 솟는 판옥선들
안빗장 풀린 물안개 한 줌 빛이 거둬간다.

귀 닳은 바위 틈새 억척 뿌리 내린 해국海菊
갑옷 입은 장수처럼 눈 흘기다 부라리다
가만히 지축 흔든다, 꽃물 왈칵 쏟으며.

* 바다가 우는소리.

도산서원 엿보다

바람은 바람대로 사람은 또 사람대로
옛 시절 돌아보며 제 갈 길 헤적이고
뜰아래 붓꽃 한 송이
붓대 꼭 쥐고 있다.

아직 다 전하지 못한 무슨 말 남은 걸까
쇠백로 깃 고르며 목을 늘인 앞녘 강에
왕버들 상투를 풀고
사서삼경 필사한다.

여울 소리 높을수록 경經 읽는 소리 잦다.
괜스레 헛배만 부른 지폐 같은 하늘에는
능소화 붉은 입술이
저녁놀을 피워 문다.

황소아버지

퉁방울눈 스릇 감고 한시름 곱씹는 걸까.
물정 없이 돌아가는 세상 흐름 눈치 못 채고
어깨에 군살만 박다
받아 든 명퇴 훈장

걸머졌던 멍에 벗고 돌아와 앉은 자리
밟힐수록 억세지는 질경이풀 큰 잎처럼
에움길 빗장을 푼다,
하늘 한끝 짚고 서서

허드렛일 심부름도 달게 먹는 겨울 한철
여위고 기운 햇살 눈보라에 쓸려갈 때
고삐를 바투 잡고서
콧김 푸푸 뿜는다.

1막 1장

여름 한낮 여우비가
오락가락 감질난다.

쌍무지개 리본 꽂고 오락가락 감질난다.

한 편의 드라마였다,
긴긴 고요
벅찬 뒤끝.

뭉크의 할미꽃 하루

표창 같은 혀끝으로 악다구니 쏟아낸다.

눈물로도 못 지우는 여린 꽃대 꺾은 그들

울혈 든 할미꽃 절규, 허공에서 맴돈다.

혀 빼물고 목숨 앗을 하루살이 이생인가.

언덕배기 넘으려고 허방다리 딛는 나날

칭칭 널 옭아매리라, 매듭진 끄나풀로.

지나새나 비손한다, 꽃물 드는 그날까지

아무런 죄 짐 없이 고개 떨군 그 누구인가,

수십 겹 허물을 벗고 하늘 훨훨 날아갈까.

벼룻길 미로
― 반구대 암각화

1.
작살 든 사내 몇몇 뗏목 엮어 띄워 놓다
붉게 물든 서녘 하늘 뒤집는 그런 날은
석공의 숙련된 솜씨
정 끝에서 별이 뜬다.

2.
동해바다 그 물마루 향유고래 물질한다.
물 파랑 소용돌이 품고 있는 절벽에서
하 그리 전할 말 있나,
벼룻길을 바장이며.

3.
야윈 저 그믐달이 내게 와 되묻는다.
누천년 시공 속에 닦아놓은 길은 어디?
한 겹씩 허물 벗는다,
가뭇없는 미로, 미로.

그림자 닦다

떠올리면 부푸는 꿈 사진 한 장 으늑하다.
잘났거나 못났거나 두 팔 벌려 품어주던
거뭇빛 물드는 이마
실루엣을 드리울 쯤.

뜬구름 쫓던 그날 기우듬한 집 등불 켠다.
퉁방울눈 부릅뜨듯, 아버지 기침 소린 듯
가슴속 성근 별 하나
성큼 그리 다가선다.

제아무리 날고뛴들 이르지 못할 자리
이제 겨우 알 것 같다, 피붙이 거느리고
세상을 쥐었다 편 당신
그림자를 닦는다.

5부

암사동, 눈뜨는 빗살무늬토기

부싯돌 눈 씻는다, 웅크렸던 움집에서
켜켜이 쌓인 어둠 허물처럼 벗기는 날
암사동 강변 억새가
펼쳐 드는 은빛 세상.

크고 모난 돌무덤이 한밤 내내 별을 품고
미명을 앞질러서 제 한 몸 일으킨 동굴
선사先史의 먼동이 튼다,
사금파리 번쩍인다.

미궁 속에 빠진 목숨, 부나비 날갯짓하듯
누천년 서린 김이 아직 그리 자욱한 땅
그 오랜 단잠을 깨고
한 왕조王朝가 눈을 뜬다.

느낌표 느루 찍는 봄

짱짱한 봄 일떠선다, 옷매무새 매만지고

이쯤이면 반색할까, 가슴 흔든 그 봄비

봄 소동 종지부 찍고 참깨 서 말 볶고 싶다.

담장 너머 볕 쪼는 홍매 허파꽈리 부풀린다.

눈길 주면 꽃물 들던 열 예닐곱 살 그 봄비

육십 줄 바라본 그 참, 문득 느낌표 찍는다.

휘굽은 길

1.
햇귀 베문 아버지가 밥 한술 떠먹인다.
발걸음 소리 들어야 한 뼘씩 자란다고
풍요는 그렇게 오는가, 부챗살을 움켜쥔다.

2.
거듭된 굴곡진 길 걷다보면 구름바다
등 푸른 먼 산마루 들쭉날쭉 골짜기에
언젠가, 날려 보냈던 앵무새가 울었다.

3.
해마다 판화 속에 새겨 넣은 그루터기
가려움증 도진 날은 몽고반점 낙관 자국
신열이 온몸 감싼다, 욱신대는 그날처럼.

4.
등 기댈 언덕은 없다, 번갯불 스친 자리
뜬금없고 계면쩍게 가자미눈 흘겨볼 뿐
말로만 듣던 눈칫밥 배불리 먹는 육십 줄.

드론광장 1

#1.
반딧불이 날갯짓한다, 광화문 네거리에
붉디붉은 민낯 얼굴 고집불통 연줄 끊나,
들추면 볼썽사나운
가면 쓴 패거리도.

#2.
불세출 혁명가인가, 촛불 든 잔 다르크
머리맡에 천둥번개 먹구름 앉혀놓고
옳거니 올 게 왔구나,
눈먼 하늘 뒤집는 날.

#3.
갓밝이 아침이면 사그라질 불씨였나.
난무한 의문부호 이에 저에 나뒹굴고
달구야, 들었다 놨다
서울광장 진땀 뺀다.

노래

쿵덕 쿵덕
입방아에
앙가슴 죄 무너져도

긍정의 힘
북돋운다,
줏대 하나 세워놓고

미궁 속
움돋는 씨앗
가시연꽃
궁문 연다.

어머니의 강

문풍지 벌벌 운다, 가슴 훑는 북새풍에
동지 햇살 이삭 줍는 구순의 어머니가
반나마 흐너진 문턱
귀 닳도록 넘나들며.

지지고 또 볶던 울안 가마솥 걸어놓다
입술 마른 담장 너머 은행잎 잡은 손 놓고
이윽히 바라본 하늘
고슬밥이 어른댄다.

그 누가 귀띔했나, 안대본 떠난 그날
홍시처럼 여문 해를 한 입 그득 베문 그날
캄캄한 서녘 한쪽도
강에 들어 숨 돌릴까.

벼룻길 한나절

갑의 눈 들여다보면 칼 벼르는 소리 난다.
드난살이 을의 밥줄 단 한 번에 베어낼 듯
막다른 파견 근로자, 참을성 저울질하며.

발붙일 터전은 여기, 팍팍해도 버텨낸다.
어둠 덮인 서쪽 하늘 쇳물 울컥 쏟아낼 때
난세에 난다는 새는 몸 낮춰 숨 고를 뿐.

눈 감은 듯 뵈지 않는 그 벼룻길 길을 튼다.
모둠꽃밭 깨꽃 필 즈음 눈 뜨는 성근 별 하나
우북한 빌딩 숲 사이 은빛 심장 앉힌다.

힘 부처도 일떠선다, 고욤나무 심어놓고
무저갱 구렁텅이 여미는 아침이 오면
원적산* 저 수풀처럼 어우러져 살고 싶다.

* 경기도 여주시, 이천시, 광주시 경계에 있는 산.

폭염

1.
한여름 불 들인다,
가마솥 걸어놓고

아직 사위지 못한
잉걸불 들쑤시며

비등점 당도한 청년
들끓는 가슴속도.

2.
고시촌 난간 곳곳
실외기 숨찬 소리

어둠 잊은 매미처럼
풋잠마저 반납한 듯

한시를 다투는 시간
머릿속은 하얘지고.

을숙도 노랑부리저어새

잠망경 곤추세우고 참게 방게 경계 설쯤

볕살 훔친 물너울이 발치께로 물밀어와

흰 버캐 연방 게우듯 세상 물정 풀어놓는다.

도래지 갈대밭을 뒤흔든 노랑부리저어새

곤한 죽지 파닥이며 깃배 하나 저어가는지

강 둔치 붉은 동백도 꽃잎마다 숨이 차다.

해가 들고 물이 나는 낙동강 칠백 리 길

들고나는 바람 맞서 푸우 푸 물질을 하다

푸드덕, 겨울을 물고 하늘 박차 오른다.

인수봉, 깨치다

빈손
천하를 손에 쥔 듯 내가 나를 굽어본다.
뺄 것 나눌 것 없이 빈손엔 바람만 일뿐
벼루에 우뚝 선 순간, 세상 한끝 뒤집힌다.

낮달
모든 걸 다 갖고도 문어발 못 거둔다.
반나마 허리 감춘 구름 위 낮을 든 달
가면을 뒤집어썼나, 다가서면 배반하는.

솔개
제 몸 다 사위고도 깨닫지 못하는 사내
저 높이 나르는 솔개 허기를 알겠는가,
벼랑 끝 청솔은 알지, 내주고도 벅찬 것을.

보름달
보름달 비켜 뜬다, 하늘 한쪽 그늘질까.
직각의 낭떠러지 시계추 그 보폭만큼
흔들린 밧줄 하나에 또 하나 달이 뜬다.

텅!
— 갑질 마녀

1.
먹장가슴 쓸고 있나, 가마솥 찻잎 덖듯

가시굴레 에움길은 말도 많고 탈도 많다.

한고비 넘기고 나면 다가서는 여울진 강.

2.
제 발등 제가 찍는 인두겁 쓴 갑질 마녀

오늘은 또 어디에서 등걸잠 구걸할까.

해넘이 종루에 앉아 복장 텅 텅 매질할 때.

3.
덩그마니 솟아오른 달 속내를 꿰뚫어 놓고

숨기고 싶은 얼굴 수면 위로 떠오를 쯤

퀭한 눈 지그시 감고 비켜간다, 아수라를.

건들마, 경전 읽다

땡그랑
땡그랑 땡
건들마 경전 읽네.
동자승 졸다 깨다 은행잎 책장 넘길 때
퉁방울 목어木魚가 그만
귀 뜨다
말문 트네.

■ 자전적 시론

법고창신과 긍정의 힘

1.

나의 시조는 아버지로부터 기인했다고 봐도 무리는 아닐 것이다. 성품이나 감수성이 남달랐던 아버지는 마을에서 소문난 효자였다. 사실 아버지는 자신의 의중과 상관없이 큰댁으로 입양되었다. 할아버지께서는 두 딸을 두셨으나 김 씨 가문을 이어갈 아들을 슬하에 두지 못했기 때문에 자구책으로 아우의 큰아들인 조카를 아들로 들인 것이다.

그때부터 아버지는 친부모를 떠나 큰아버지 밑에서 제2의 인생을 맞이하게 되었다. 학교 다닐 땐 늘 1등을 놓치지 않았다고 한다. 일제 강점기엔 일본어를 능수능란하게 구사하였음에도 불구하고 하교 후엔 단 한 마디도 일본어를 쓰지 않았다고 할아버지께선 자랑삼아 손주들에게 들려주셨다. 체구가 작고 여린 아버지는 보기와는 달리 속이 깊고 강단 있는 청년으로 성장하셨다. 6·25 동란 땐 북한군(의용군)으로 끌려가다 가까스로 탈출해 죽을 고비를 넘겼다. 그 당시 북한군에 끌려간 마을 사람들은 단 한 사람도 살아 돌아오지 않았다. 아버진

몇 년 후 군에 입대했고 운 좋게 흑석동에 있는 미군부대로 배치를 받았다. 7년간 그곳에서 군 복무를 무사히 마치고 제대하였다. 그때 예의 바르고 성실한 아버지를 눈여겨본 미군 장교가 있었는데, 그 장교로부터 미국유학을 권유받았다. 그러나 아버지는 유학을 갈 수 없는 처지임을 너무나 잘 알고 있었기에 그 분에게 집안 형편을 상세히 들려주었다. 그 분은 안타깝다는 듯 한참 동안 말을 잊지 못했다고 한다. 결국 속 깊은 아버지의 속내를 이해하기에 이르렀고 그는 본국으로 돌아가는 날까지 아버지에게 도움을 주고자 노력했다.

제대 후 고향 여주에 내려와 부모님을 성심껏 모시며 토마토 농사를 지었다. 수확한 토마토는 그 분께서 전량 미군 부대에 납품할 수 있는 길을 터 줌으로써 기울었던 가세가 불일 듯 일어났다. 후유증도 있었다. 돈 잘 번다는 소문을 듣고 많은 사람들이 찾아와 손 벌리는 일이 잦았다. 그럼에도 불구하고 열두 식구를 거느린 가장은 얼굴 한 번 찡그리지 않고 늘 웃는 낯으로 식솔을 거두었다. 나중에 들은 이야기인데, 사실 하나뿐인 아들을 이역만리 타국에 떠나보내기가 두려웠던 할아버지께서 반대하여 포기하셨다고 한다.

그 당시 아버지가 유학을 택하셨다면 결과는 어땠을까? 짐작컨대 개인적으로 크게 성공했으리라 본다. 다만 '김범렬'이라는 존재는 이 세상에서 지워졌을 것이다. 아니 태어나지도 못했을 것이다. 나는 어릴 적 아버지를 무척이나 따랐다. 아버지의 얼굴에서 늘 환한 광채가 뿜어져 나오는 듯했다. 말로 상대를 이해시키기보다 온몸으로 최선을 다하는 모습을 보여줌으로써 자식들에게 큰 귀감이 되셨다. 난, 그런 아버지가 좋았다. 매사에 신중하고 나보다 남을 먼저 배려하는 성품까지 갖추셨기에 이웃 사람들로부터 많은 존경을 받기도 했다.

게다가 일 욕심까지 많아 농사철엔 동트기 전에 일어나 땅거미가 내릴 때까지 논밭에서 살다시피 하셨다. 여담이지만 나의 친구는 이렇게 우리 아버지를 회상했다. 아침 일찍 경운기 소리가 나면 영락없는 '범렬'이 아버지가 분명하다고 단정했다 한다. 그만큼 부지런하셨다. 남들이 모르는 아픔이 많은 아버지는 친부모에 대한 그리움이 사무쳤을까, 들길을 지나다 들꽃과 마주치면 멈칫 서서 바라보는 시선이 예사롭지 않았다. 한참 동안 꽃을 어루만지며 대화를 하듯 뭐라 혼잣말을 자주 하셨다. 난, 그 모습을 여러 번 내 눈으로 목격했다. 그뿐인가, 아버지는 처음 보는 사물을 보면 그냥 스쳐 지나가는 법이 없었다. 속이 후련해질 때까지 아니, 궁금증이 풀릴 때까지 탐구에 탐구를 계속했다. 그런 아버지의 모습을 곁에서 보고 자란 난, 언젠가부터 아버지를 닮아가고 있었다.

초등학교 4학년 때인가, 자식들 교육을 위해 서울로 이사할 계획을 세웠으나 고향을 떠나 살 수 없다는 할아버지 뜻을 받들어 여주에 눌러앉게 되었다. 손재주가 좋은 아버지는 한 번도 배운 적 없는 솜씨로 손수 집 설계에 들어갔고 마침내 살던 집을 허물어 버리고 그 자리에 새집을 짓기로 했다. 그러나 어머니의 생각은 달랐다. 힘든 농사일을 자식들에게 대물림하는 것을 원치 않았기에 극구 반대했지만, 결국 할아버지의 뜻을 따랐다. 아버지는 할아버지의 뜻을 한 번도 거스른 적이 없다. 그때부터 어머닌 팔순이 넘는 연세에도 불구하고 밭고랑을 돈

우며 곡식을 붙이고 있다. 돌이켜보면 내가 이 자리에 서게 된 것 또한 '효'를 몸소 실천해 보여주신 아버지의 공덕이 자식에게 미쳤기 때문이라고 생각한다. 아버지의 내면 깊숙이 문학에 대한 열망이 잠재되어서일까? 그 유전자가 비로소 나를 통해 시조의 꽃을 피워낸 것이리라.

아버지는 진달래꽃을 유독 좋아하셨다. 그랬던 그 아버지가 8년여를 중증 치매를 앓다 호스피스병원에 입원한지 한 달 만에 건강이 급속도로 악화되어 하루하루를 힘겹게 견뎌내다 결국 영영 돌아올 수 없는 다리를 건너가셨다. 돌아가시기 1년 전 여름 마을 어귀 묵정밭에 흐드러지게 핀 개망초꽃을 꺾어 침대에 누워계신 아버지 가슴에 안겨드린 적이 있는데 얼마나 좋아하시던지 그만 눈물을 울컥 쏟고 말았다. 생전에 좋아하시던 진달래꽃은 아니었지만, 다행이다 싶어 안도했다. 해마다 개망초꽃 핀 그 묵정밭을 둘러보노라면 생전의 아버지 모습이 떠올라 가슴이 무너진다.

다행인 것은 소천하시기 전 날 잠시 온전한 정신으로 우릴 맞아주셨는데, 문득 나는 신춘문예 당선작품을 아버지께 낭송해드리고 싶었다. 5남매가 지켜보는 가운데 낭송을 시도했으나 난, 도저히 시조를 읽을 수가 없었다. 그때 아내가 나를 대신하여 「천수만 가창오리」와 「의류수거함」을 울먹이며 끝까지 낭송을 마쳤다. 마음을 가다듬고 난 뒤 제가 쓴 작품인데 어떠세요, 아버지…. 그리 여쭈어보자 유언처럼 "참 좋다" 그 한마디를 남기시고 정신을 내려놓으셨다. 어찌 보면 아들이 그토록 염원하던 신춘문예에 당선을 확인하고 안도하셨는지, 벚꽃이 만개한 봄날 아침 하나님 곁으로 가셨다.

2.

　내가 자란 마을은 서울에서 그리 멀지 않은 여주시다. 그럼에도 불구하고 하늘과 산과 들이 전부인 곳이다. 가끔 시외버스가 지나가고 기러기 떼가 대오를 지으며 마을을 가로질러 갈 뿐이다. 그나마 아버지가 군 복무 시절 장만한 라디오가 바깥 세상과 이어주는 가교역할을 톡톡히 해낼 뿐이다. 어린 내 가슴속 깊은 곳에선 무언가가 충동질을 끊임없이 해댔다. 그럴 때마다 난 뒷동산으로 내달렸다. 산 정상에 올라가 가만히 귀 기울이면 마을에서 들을 수 없는 기차 경적을 희미하게나마 들을 수가 있었다. 양평역을 지나며 울리는 경적인데, 넓은 세상을 동경하던 나에게 문학의 싹을 틔우게 한 동기이자 적지 않은 영향을 끼친 요소이다. 기차를 본 적도 타본 적 없는 나는 상상의 여행을 떠나곤 했다. 어디로 달려가는지 모르지만, 종착역은 늘 산골 마을이었다. 고층빌딩이나 휘황찬란한 네온사인, 줄 선 자동차 행렬, 수많은 인파 등등은 내게 어울리지 않는 사치였을까, 날로 궁금증만 더할 뿐이었다.

　우리 집은 마을 한복판에 있다. 약간 경사진 언덕에 거북이 등껍질같이 납작 엎드려 있는 형태다. 텃밭이 있고 황토마당이 있는 전형적인 농촌 한옥이다. 텃밭 한 모퉁이엔 전망 좋은 나만의 쉼터가 있다. 장맛비가 내리는 날이면 안개 혹은 는개가 산허리를 휘감는 장관을 연출한다. 게다가 쾌청한 여름날 노을 진 서쪽 하늘은 수심 깊은 바다였다가, 불새가 되었다가…. 스스로 제 모습을 되찾아가는 자연의 경이로움을 만끽하다 보면 나도 모르는 사이 황홀경에 빠지곤 한다. 지금 이 순간에도 그곳에 서 있는 듯하다. 비록 생계유지 때문에 자주 못 가는 편이지만, 아버지가 집 설계를 하고 집을 지었듯이, 나 또한 문학의 얼개를 짠 곳이기도 하다. 시를 쓰다 보면 잘 풀리지 않을 때가 있다. 신통하게도 그곳을 다녀오면 보너스를 두둑이 받은 듯 떠오르지 않던 시어들이 거짓말처럼 톡톡 튀어나와 시조의 깊이를 더해준다.

3.
　돈 안 되는 일 몸 축내가며 왜 고생을 사서 하느냐, 핀잔 아닌 핀잔을 귀에 딱지가 앉도록 들은 적 있다. 그럴수록 더 독기를 품고 나보란 듯 시조 쓰기에 전념하였다. 그렇게 시작한 시조가 몇 번의 사업 실패와 질병으로 무너진 나를 일으켜 세운 것이다. 메말랐던 대지에 단비가 내린 것처럼 온몸에 생기가 도는 것이었다. 전에 느껴보지 못한 일들이 동시다발적으로 일어나기 시작했다. 나의 꿈은 문학청년이었다. 말수 적고 수줍음 많은 전형적인 촌놈, 다시 말하자면 숫기 없고 낯가림이 심한 사내였다. 그러던 내가 뜻하지 않게 먼 할아버지뻘 되는 분의 사업장에서 알바를 하게 되었고 돈맛을 일찍 경험한 나는, 몇 년 후 대학진학을 포기하고 개인 사업에 뛰어들어 많은 돈을 거머쥐기도 했다.
　어느 날 나에게 크나큰 시련이 다가왔다. 극심한 천식이었다. 처음엔 감기로 인한 기침인 줄 알고 일반 내과에서 치료를 받았다. 그러나 시간이 흐를수록 병세는 더욱 깊어졌고 숨쉬기조차 힘든 상황에 이르렀다. 급기야 대학병원에 입원해서 정밀검사 후 내과 최고라는 의사에게 진료를 받았으나 호전되지 않았다. 몸과 마음은 걷잡을 수 없이 쇠약해졌고 결국 하는 일마다 발목을 잡아 사업을 접어야만 했다. 죽으란 법은 없는지 지인으로부터 천식 전문의를 소개받아 집중치료에 들어갔다. 얼마 되지 않아 기적같이 눈에 띄게 병세가 호전되기 시작했다. 완쾌는 아니지만 생활하는 데 불편함이 없을 정도로 좋아졌다. 천식에 걸린 지 19년만이었다. 세상을 다 얻은 듯했다. 건강을 되찾은 뒤 가슴 깊이 묻어두었던 문학의 꿈이 오감을 자극하기 시작했다.

처음에는 자유시를 썼다. 그러다 자유시보다 시조가 나의 적성에 잘 어울리는 장르라 판단하였고 그때부터 시조 쓰기 내공에 들어갔다. 처음엔 순조로운 듯했다. 3년 가까이 습작을 거듭한 끝에 동아일보 신춘문예에 당선되었다. 그 기쁨은 오래가지 못했다. 중복투고가 문제였다. 2008년 1월 1일자 동아일보 지면에 발표된 지 7일 만에 청천벽력 같은 당선취소 통보를 받았다. 자괴감 때문에 당황스럽고, 혼란스럽고, 견딜 수 없이 고통스러웠다. 그때 동문수학하던 선후배님들의 용기를 북돋우는 응원이 큰 도움이 되었다. 아픈 만큼 성장한다고 했던가. 그날 이후 '와신상담'이란 문구를 책상머리에 붙여놓고 다시 한 번 힘을 냈다. 자그마치 7년을 하루 두서너 시간 잠을 자고 습작에 습작을 거듭했다.

나에게도 문운이 따랐을까? 2015년 같은 동아일보에 투고하여 다시 신춘문예에 당선의 영예를 안았다. 당선 통보를 받고 남몰래 얼마나 많은 눈물을 흘렸는지 모른다. 돌이켜보면 그 혹독한 담금질은 정직한 시조시인으로 거듭나게 함과 동시에, 나의 작품으로 하여금 세상을 널리 이롭게 하라는 하나님의 가르침이었으리라.

4.

  나의 하늘은 늘 충혈되어 있었다. 갈 길 잃고 버둥대는 동안, 몇 번이나 죽음을 생각해 본 적 있다. 그럴 때마다 낯익은 길로 이끄는 무언가의 힘이 느껴졌다. 만신창이가 된 나에게 선뜻 다가와 구원의 손길을 내민 건 다름 아닌 시조였다. 법고창신法古創新이라고 했던가? 옛것을 본받아 새로운 것을 창조한다는 의미다. 고전古典을 토대로 하되 그것을 변화시켜 새로운 무엇을 개척하면서도, 근본을 망각하면 안 된다는 경구가 담겨 있다. 까맣게 잊고 살았던 문학에 대한 열망이 「법고창신」의 정신-곧 시조라는 그릇이 나의 구원투수가 되어 돌아온 것이다.

  그도 그럴 것이 시조를 쓰면서부터 내면 깊숙이 자리 잡은 지난날의 쓰라린 아픔들을 하나하나 들춰내어 조금씩, 조금씩 지워나갈 수 있었다. 그로 말미암아 의기소침했던 무표정한 얼굴에서 환한 광채라고 할까-자신도 모르는 사이 어떤 뜨거운 열정이 뿜어져 나오기에 이르렀다. 그렇게 하여 다시 세상과 소통하게 되었고, 긍정의 힘을 얻게 되었다.

우리시대 현대시조선 148

천수만 가창오리

초판 1쇄 인쇄일 · 2019년 11월 04일
초판 1쇄 발행일 · 2019년 11월 13일

지은이 | 김범렬
기　획 | (사)한국문화예술진흥협회, 한국시조문학관
펴낸이 | 노정자
펴낸곳 | 도서출판 고요아침
편　집 | 김남규, 이광진, 이세훈, 정숙희

출판 등록 2002년 8월 1일 제 1-3094호
03678 서울시 서대문구 증가로 29길 12-27 102호
전화 | 302-3194~5
팩스 | 302-3198
E-mail | goyoachim@hanmail.net
홈페이지 | www.goyoachim.com

ISBN 979-11-90047-91-3(04810)
ISBN 979-11-90047-41-8(세트)

*책 가격은 뒤표지에 표시되어 있습니다.
*지은이와 협의에 의해 인지는 생략합니다.
*잘못된 책은 교환해 드립니다.

ⓒ 김범렬, 2019